国家出版基金项目
NATIONAL PUBLICATION FOUNDATION

记住乡愁

——留给孩子们的中国民俗文化

刘魁立◎主编

刘会靖◎编著

第十一辑 生肖祥瑞辑

本辑主编 张 勃

生肖羊

黑龙江少年儿童出版社

序

亲爱的小读者们，身为中国人，你们了解中华民族的民俗文化吗？如果有所了解的话，你们又了解多少呢？

或许，你们认为熟知那些过去的事情是大人们的事，我们小孩儿不容易弄懂，也没必要弄懂那些事情。

其实，传统民俗文化的内涵极为丰富，它既不神秘也不深奥，与每个人的关系十分密切，它随时随地围绕在我们身边，贯穿于整个人生的每一天。

中华民族有很多传统节日，每逢节日都有一些传统民俗文化活动，比如端午节吃粽子，听大人们讲屈原为国为民愤投汨罗江的故事；八月中秋望着圆圆的明月，遐想嫦娥奔月、吴刚伐桂的传说，等等。

我国是一个统一的多民族国家，有 56 个民族，每个民族都有丰富多彩的文化和风俗习惯，这些不同民族的民俗文化共同构筑了中国民俗文化。或许你们听说过藏族长篇史诗《格萨尔王传》

中格萨尔王的英雄气概、蒙古族智慧的化身——巴拉根仓的机智与诙谐、维吾尔族世界闻名的智者——阿凡提的睿智与幽默、壮族歌仙刘三姐的聪慧机敏与歌如泉涌……如果这些你们都有所了解，那就说明你们已经走进了中华民族传统民俗文化的王国。

你们也许看过京剧、木偶戏、皮影戏，看过踩高跷、耍龙灯，欣赏过威风锣鼓，这些都是我们中华民族为世界贡献的艺术珍品。你们或许也欣赏过中国古琴演奏，那是中华文化中的瑰宝。1977年9月5日美国发射的"旅行者1号"探测器上所载的向外太空传达人类声音的金光盘上面，就录制了我国古琴大师管平湖演奏的中国古琴名曲——《流水》。

北京天安门东西两侧设有太庙和社稷坛，那是旧时皇帝举行仪式祭祀祖先和祭祀谷神及土地的地方。另外，在北京城的南北东西四个方位建有天坛、地坛、日坛和月坛，这些地方曾经是皇帝率领百官祭拜天、地、日、月的神圣场所。这些仪式活动说明，我们中国人自古就认为自己是自然的组成部分，因而崇信自然、融入自然，与自然和谐相处。

如今民间仍保存的奉祀关公和妈祖的习俗，则体现了中国人崇尚仁义礼智信、进行自我道德教育的意愿，表达了祈望平安顺达和扶危救困的诉求。

小读者们，你们养过蚕宝宝吗？原产于中国的蚕，真称得上伟大的小生物。蚕宝宝的一生从芝麻粒儿大小的蚕卵算起，中间经历蚁蚕、蚕宝宝、结茧吐丝等过程，到破茧成蛾结束，总共四十余天，却能为我们贡献约一千米长的蚕丝。我国历史悠久的养蚕、丝绸织绣技术自西汉"丝绸之路"诞生那天起就成为东方文明的传播者和象征，为促进人类文明的发展做出了不可磨灭的贡献！

小读者们，你们到过烧造瓷器的窑口，见过工匠师傅们拉坯、上釉、烧窑吗？中国是瓷器的故乡，我们的陶瓷技艺同样为人类文明的发展做出了巨大贡献！中国的英文国名"China"，就是由英文"china"（瓷器）一词转义而来的。

中国的历法、二十四节气、珠算、中医知识体系，都是中华民族传统文化宝库中的珍品。

让我们深感骄傲的中国传统民俗文化博大精深、丰富多彩，课本中的内容是难以囊括的。每向这个领域多迈进一步，你们对历史的认知、对人生的感悟、对生活的热爱与奋斗就会更进一分。

作为中国人，无论你身在何处，那与生俱来的充满民族文化DNA的血液将伴随你的一生，乡音难改，乡情难忘，乡愁恒久。这是你的根，这是你的魂，这种民族文化的传统体现在你身上，是你身份的标识，也是我们作为中国人彼此认同的依据，它作为一种凝聚的力量，把我们整个中华民族大家庭紧紧地联系在一起。

《记住乡愁——留给孩子们的中国民俗文化》丛书，为小读者们全面介绍了传统民俗文化的丰富内容：包括民间史诗传说故事、传统民间节日、民间信仰、礼仪习俗、民间游戏、中国古代建筑技艺、民间手工艺……

各辑的主编、各册的作者，都是相关领域的专家。他们以适合儿童的文笔，选配大量图片，简约精当地介绍每一个专题，希望小读者们读来兴趣盎然、收获颇丰。

在你们阅读的过程中，也许你们的长辈会向你们说起他们曾经的往事，讲讲他们的"乡愁"。那时，你们也许会觉得生活充满了意趣。希望这套丛书能使你们更加珍爱中国的传统民俗文化，让你们为生为中国人而自豪，长大后为中华民族的伟大复兴做出自己的贡献！

亲爱的小读者们，祝你们健康快乐！

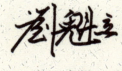

二〇一七年十二月

目 录

生肖羊的起源与象征意义

| 生肖羊的起源与象征意义 |

羊在十二生肖中位居第八位，传说羊在未时最好放养，于是人们便将它与十二地支中的"未"配属，俗称"未羊"，所以未时（午后一点到三点）又称"羊时"。

关于羊被选为生肖之一，在中国民间流行着不同的神话传说，其中最广为人知的是羊舍生取义，帮助人类偷五谷种子的故事。

相传，人类在远古时期还不会种植五谷（稻、稷、麦、黍、菽），只能靠吃野菜为生，导致很多人营养不良。神羊来到人间后，看到人们面黄肌瘦的样子，很是不解，多方打听原因，才知道人间

根本没有五谷。神羊非常同情人们，于是回到天宫后就向玉帝倾诉人间的疾苦，希

午后一点至三点，属未时，有的地方管此时为"羊出坡"，意思是放羊的好时候，故称"未羊"。羊

| "未羊"的由来 |

望玉帝能把五谷赐给人们，但是玉帝并不愿与凡人分享五谷，便直接拒绝了神羊的请求。无奈的神羊只能在夜里趁守卫不备，偷偷溜进天庭种植粮食的御田，摘下五谷藏在口中，然后飞向了人间。神羊把五谷的种子交给人类，并教会了人们种植五谷的方法，在看到人们已经熟练掌握种植方法后，才欣慰地返回天宫。

人们按照神羊教的方法种下的种子，很快就长出了庄稼，看到稻穗既似羊头，又像羊尾，人们不禁想起了

| 生活中的羊 |

那只给人间带来福祉的神羊。于是，人们在收获了庄稼后举行盛大的祭祀来感谢神羊的恩赐。然而，玉帝得知人间竟然出现了只有天宫御田里才有的五谷，联想起神羊之前向自己请求赐人间谷种，就认定是神羊将五谷的种子带到了人间。这让玉帝感到非常愤怒，决定处死神羊。他把神羊带到人间宰杀，并且命令人们要吃掉神羊的肉。

后来，在神羊被杀的地方发生了十分奇怪的事，那里不仅长出了茂盛的青草，还引来了很多肥美的羊羔，人们认为这是神羊显灵，想要继续造福人类。出于对神羊舍身的感恩，从此以后，人们每年都要举行盛大的祭羊仪式来纪念神羊。

生肖羊

| 生活中的羊 |

很多年以后，玉帝决定挑选十二种动物作为生肖，人们知道消息后，一致向玉帝推举羊。一开始玉帝还为神羊偷五谷种子的事情而恼怒，没有同意人们的请求，但人们始终坚持自己的意愿，佛祖有感于羊对于人间的贡献，也劝说玉帝，将羊也作为生肖，享受人类的敬拜和纪念。最后，玉帝只好妥协，同意将羊列为十二生肖之一。佛祖帮助神羊的灵魂塑成金身，让它成为能辨曲直、公正勇猛的人间守护神之一。至此，羊就成为十二生肖之一，守护着人间的安宁，世世代代为人们所喜爱和崇敬。

事实上，羊入选十二生肖还在于它与人类之间的特殊感情和它美好的象征寓意。羊，作为六畜①之一，是人类最早饲养的动物之一，也是人类亲密、忠实的伙伴。早在原始社会时期，羊就作为我国北方草原地区的衣食之源，陪伴先民的生产生活，与人类建立了密切的关系，在古人早期的艺术作品中，羊的形象就占有相当重要的分量。不仅如此，羊还成为了某些古老部族的崇拜对象，如我国古代的西部游牧民族羌族就以羊作为图腾，因而羌族一直对羊有着极为

①六畜，即马、牛、羊、猪、狗、鸡。

5

特殊的情感。

羊与人类的这种不解之缘，在中国造就了很多与羊相关的神话传说，如孔子曾说："土之精为羊。"即认为羊是土地神，在很多地方都建有土羊神庙来祭祀土羊神，甚至衍生出"种羊"的习俗，即认为把羊种在土里，就可以再长出羊来。而在其他传说中，有的说羊是山神，有的说羊是雨神，还有的说羊是太阳神。

作为神的羊，是人们祭祀、崇拜的对象，人们祭祀所用的物品也大多与羊相关，以此表达对羊的崇敬。但有的时候恰恰相反，羊作为"牺牲"而成为祭祀神灵的主要供品。使用器具上伴有羊的形象，也是人们向神灵祈福以及沟通人与神的重要媒介。这又是羊在精神生活上与人类密切关系的直观反映，但人与羊在精神生活上的关系上又绝不止于此。

古往今来，羊在人们心目中是一种温顺可亲的动物，在中华民族传统文化中既被认为是吉祥如意、权力财富的象征，也被赋予纯洁美好的意义。《汉书·南越志》中说："尉佗之时，有五色羊，以为瑞。"这句话讲的是，在今天的广东、广西一带，在尉佗当权的时候有一种五色羊，被认为是福

| 在中国古代，羊曾经被神话 |

｜"羊初生，知跪乳。"｜

瑞之气的象征。从动物本身来讲，羊拥有柔美可爱的姿态、洁白无瑕的皮毛和温顺安详的本性，既可以作为祭祀供品上达天听，也是人们实现衣食温饱、获得经济收入的重要来源。作为家畜的羊，在古人眼里是一种知母恩的动物，哺乳时，小羊总是前腿跪地，接受母羊哺育，《三字经》中就说："羊初生，知跪乳。"

羊在古汉字的词义中也意寓吉祥，因为在中国古代，"羊"字通"祥"字，古代器物上除了羊的形象，还有"吉羊"的铭文，意思就是吉祥，汉代名儒董仲舒曾说："羊，祥也，故吉礼用之。"这句话的意思是，羊是吉祥的象征，吉礼上多出现"羊"字。以"羊"字为部首的汉字有很多，其中"祥""鲜""善""义""美""养"等寓意美好的字和"三阳开泰"等与羊有关的吉祥语的出现，是羊作为亲善祥和之物的又一佐证。

总之，有着美好寓意的羊，与人类之间存在着千丝万缕的联系，也承载着十分丰富的文化内涵，因而人们总是不吝最好的词汇来称赞羊，并且也通过绘画、雕塑等艺术形式来表达对羊的特殊情感，生肖文化出现后，羊也就顺理成章地被选入其中，成为十二生肖之一。

民俗文化中的羊

| 民俗文化中的羊 |

同其他生肖一样，生肖羊自诞生那天起，就逐渐形成了饱满的民俗文化内容，并以其生动的形象和吉祥的含义渗透到中国民俗文化的各个方面，包括人的生老病死、婚丧嫁娶、命运性格、生产生活、衣食住行、日用消费等各个层面，从而为人们所耳熟能详和津津乐道。

一、物质民俗

（一）饮食

1. 面羊

面羊是伴随"送羊"习俗而产生的传统食俗。在古代社会，并不是每家都能送得起活羊，因此就出现了用

| 面羊 |

面粉蒸成羊形面食代替活羊的做法，这种羊形面食就是面羊。送给别人的面羊数量各地也不同，有的地方是二十四只，即大、中、小各八只；有的地方是十五只，即大羊一只和小羊十四只；有的地方则是随着外孙或外甥的年纪变化而变化。这些

面羊或站或卧，有大有小，形态各异。面羊只能由外孙或外甥家的直系亲属分享，在吃之前，要先用红绳拴住面羊，吃完后把红绳戴在外孙或外甥的脖子上，以此来祝福他一生健康平安。

2. 涮羊肉

涮羊肉又称羊肉火锅，是一道历史悠久的菜品，起源于元代，在清代迎来发展顶峰，在康熙、乾隆主办的几次"千叟宴"上，涮羊肉都是重要的菜品。涮羊肉是将精选鲜嫩的羊后腿和羊脊肉切成薄厚均匀的肉片，吃的时候配上各种美味调料，涮后即食。

3. 烤羊肉

烤羊肉包括烤羊肉串、烤全羊等，是起源于蒙古族和维吾尔族的传统美食，后传至北京，又在全国范围内流行开来。如今，烤羊肉在各地发展出不同的吃法，用料也有所不同，但都以其独

| 涮羊肉 |

特风味而为广大民众所喜爱。

除此此外，还有酱羊肉、烧羊肉、羊羔酒、手抓羊肉等羊肉制品。

（二）商旅

1. 五羊石雕

五羊石雕是广州的标志，位于越秀山木壳岗，是由著名雕塑艺术家尹积昌、陈本宗、孔繁纬依据五羊传说所创作的。整座石雕由一只口衔稻穗的大羊和四只形态各异的小羊组成，大羊昂首远眺，四只小羊环列四周，再现了传说中"五羊化石"的场景。如今，五羊石雕已成为广州市的著名景点，并依据五羊的故事内容扩建成五羊仙庭。

2. 青羊宫

青羊宫原名青羊肆、青

| 五羊石雕 |

| 青羊宫中的铜羊 |

羊观，始建于周朝，相传是因老子曾骑着青羊来到这里而得名。青羊宫现已成为四川省重点文物保护单位和成都市的著名景点，宫内有一对铜羊，分别是雍正年间从北京迁移至此的独角铜羊和道光年间铸造的双角铜羊，其中独角铜羊造型独特，有龙角、蛇尾、牛鼻马嘴、狗腹、猪臀，可谓集十二生肖外貌特征于一身，相传原是南宋权臣贾似道所有，在清朝被

人买下后转赠至此。

3. 山羊石林

山羊石林是浙江省衢州市治岭村著名的景观。治岭村是典型的喀斯特地貌，有规模庞大的石林和溶洞群，享有"石林溶洞村"之称。在村内一处约6平方公里的石林中，布满了无数形似山羊的石头，这些"山羊"形态各异、大小不一，令人称奇。相传，这些"山羊"正是由黄大仙赤松子放牧的山羊变化而来的。

其他与羊有关的旅游景点有山西省高平市神农镇的羊头山、江苏省睢宁县古邳镇的羊山寺、湖南省新宁县莨山风景区的"三羊开泰"、云南省石林风景区的"苏武牧羊"、山东省青岛崂山太平宫的绵羊石和安徽省黄山风景区的"老虎驮羊"等。

（三）器物

1. 青铜器

中国青铜器造型别致，自古有"吉金"之称，常以动物形象作为模型或装饰，而羊为"吉羊"，因而以羊为形象或装饰塑造而成的青铜器也屡见不鲜。夏朝是中国青铜器走向繁荣的开端，该时期的青铜器多为小型器具，如四羊权杖首。商周时期是青铜器的顶峰，与羊相关的就有商代的双羊尊、四羊方尊、羊首勺等，周代的凤纹羊尊、羊首提梁壶等。春秋战国之后，青铜器逐渐被铁器所取代，但也发现了不少羊首兵器和羊形车马器具。汉唐之际是青铜器最后的辉煌，如汉代羊形灯、回

| 四羊方尊 |

| 羊形灯 |

15

首卧式错金银铜羊、双羊铜牌饰等，唐代则有鎏金铜羊、十二生肖铜镜等器物。除了羊的造型以外，还有些青铜器是用羊形纹饰来装饰的，如商周时期的三羊甑，或者在器具上刻上"羊""吉羊"等铭文，如商代羊铭青铜爵、西汉铜镜和铜洗。这些器物将功能与羊的形象结合在一起，形成了各种庄严华美的礼器、祭器和平常生活用器。

2. 玉器

玉羊始于商代晚期，其造型丰富多彩，应用广泛，多为玉镇、砚滴、陈设品和印纽或串饰构件，用于日用、佩饰或祭祀，作为祥瑞之物，一直受到人们的喜爱。商代玉羊多是正面羊首，没有整体形状的玉羊，如商晚期玉雕羊首。西周出现了多种圆雕整体玉羊，但春秋战国时期却罕见玉羊作品，仅有一组包含羊在内的动物形玉琀。汉代玉羊器形丰富，除整体玉羊外，还有羊形纽玉印、玉羊串饰、玉卧羊砚滴等。唐宋玉羊多作俯卧状，有白玉卧羊、青玉卧羊，还有羊形坠饰。明清两代玉羊数量

| 羊形玉雕 |

较多，除圆雕玉羊外，还有片雕、镂雕、浮雕、阴刻等单体形、复合形玉羊，如明代羊首玉觽、羊首玛瑙带钩，清代青玉羊形雕挂件、白玉羊纹雕挂件、三羊开泰摆件和三羊玉尊等。

3. 陶瓷器

陶瓷器中羊的形象由石器时代的陶塑发展而来，至战国到汉代时期最为盛行，以陶羊为主，如汉代、三国时期形制各异的绿釉、青釉陶羊，以及汉代彩绘卧羊尊和三国青釉羊等。魏晋南北朝时期，北方多陶羊，南方多瓷羊，如晋代青瓷羊形尊、壶、烛台等器物。隋唐时期，陶瓷羊色彩丰富，还出现了绚丽的三彩陶羊，如隋代青瓷陶羊和唐三彩十二生肖羊首人身俑。宋元陶瓷羊器物多出现在一些瓷塑玩具中，器形不大，但青、白、黑、褐等各种釉色齐备，如宋代白瓷吉羊、褐彩瓷羊、白釉黑彩瓷羊、黑釉瓷羊和金代白釉点彩羊。明清以后，羊的形象多以彩绘羊的形式出现在瓷器中，如明代青花三羊纹碗和清代哥釉三羊尊、粉彩三羊碗、粉彩羊纹鸟食罐等。

| 隋唐时期的陶瓷羊 |

| 羊首人身俑 |

| 古代的陪葬
石羊 |

民国时期也有白釉彩绘羊纹瓷勺、白釉彩绘羊纹小瓷盘等。

4. 石器

石器中的羊以整刻的石卧羊最具代表性，一般成对出现，作为陪葬的石像设立在墓外甬道两侧或墓里面，陪伴着墓主，为墓主祈福。中国历代都有陪葬石羊习俗，如高岳镇皇后窑出土的东汉石羊、西安出土的唐代石羊、南京出土的宋代石羊、北京石刻艺术博物馆藏的金、元和明代石羊等。除了石羊，羊还以丰满的故事形象大量出现在秦汉以来墓葬中的画像石上，和石羊一样，画像石上的羊也表现了其与人们的生活息息相关，更折射出人们对美好、幸福和吉祥不懈追求的心理愿望。现代石羊多作为十二生肖的一部分出现在全国各地的公园、广场或文化园等公共场所。

二、精神民俗

（一）生肖羊与民间俗信

在中国古代，人们未必

都能熟悉诗文经典、历史科学，但对于十二生肖的应用，几乎每个人都得心应手，之所以如此，很重要的一个原因就是生肖文化中丰富的民间俗信，让人从生老病死到吉凶丰歉都与生肖紧密相连。

1. 本命年信仰

子鼠、丑牛、寅虎、卯兔、辰龙、巳蛇、午马、未羊、申猴、酉鸡、戌狗、亥猪。所谓本命年，就是按这十二生肖循环往复推出来的属相年，如辛未年即羊年，这一年出生的人就属羊，那羊年就是该年出生的人的本命年，而且由于每个生肖年以十二年为一个循环周期，所以每过一个十二年，人们就要遭遇一次本命年。为什么要说"遭遇"呢？这是因为在民间，本命年有很多禁忌，

| 生肖羊的出生日期 |

如羊年出生的人在本命年不宜吃羊，嫁娶、远行、投资、接触生人、参加丧葬等日常社会活动也应当谨慎。在被称为"坎儿年"的本命年里需要穿戴红内衣、红腰带、红饰品、红袜子、红手套和

红绳编织品等，以求趋吉避凶、消灾免祸。

2. 生肖婚配

生肖婚配是基于生肖"相生相克"的文化产生的，因而也分为"相生"的积极匹配和"相克"的消极匹配。积极匹配中以相差 4 岁或 8 岁的生肖为最佳，如生肖羊与马、猪、兔最配；相对来说消极匹配的关注度更高，存在的形式也更多，既有"牛羊相逢泪淋淋"的"小五婚"

|中国传统民俗反对两个属羊的人进行婚配|

歌诀，也有"羊鼠相逢一旦休"的"大五婚"歌诀，还有"两只羊活不长"这样根据生肖动物的自然特征和民间俗语形成的消极匹配。中国民间风俗认为，生肖羊与兔、马、猪最配，虎、龙、蛇、鸡、猴稍次，牛、鼠、羊、狗最不宜。当然，各地说法不一，而且这也只是民间旧习，不足为信。

3. 生肖宿命论

中国传统民俗文化认为，自己属哪个属相，就具有哪个属相的性格特点，现代社会也不乏有人将个人命运、性格与生肖属相挂钩。如生肖羊，民间有流传甚广的"属羊人流年不利""女属羊守空房""人属羊命不强""属羊人命苦""十羊九不全"等俗语，这些俗语大都认为羊年出生的人一生不吉，女子属羊的话命硬克夫，因而男方家庭会尽量避免选择与属羊女子婚配，也有人尽量避免在羊年生产。事实上，这些都是没有科学依据的说法，是心理因素作怪，生活中命运多舛的属羊人一方面被别人当成了"属羊不旺"的例证，另一方面自己也对此形成了心理认同，这就造成了别人"歧羊"和自己"悲羊"的消极情绪的交织。而且人们往往对于不好的一面的关注度更高，因而人们总是容易接受属羊命不好的实例，而忽略更多"好命羊"的存在，从而对"属羊不旺"深信不疑。人的命运不是生肖所能决定的，所以属羊人不必悲观，而应该通过自己的努力去创造更好的未来。

| 在中国人的传统意识中，个人命运、性格与生肖密不可分 |

此外，有些地方把羊视为崇拜对象，因而希望男人像公羊那样身强力壮、生育能力强，女人像母羊那样温婉娴静、易孕多子。有些地区流行"生肖吉祥命名法"，即根据生肖确定宜取什么名字，不宜取什么名字，如属羊人宜用"木""禾""米"等部首，不宜用"车""火""犭"等部首。有些地方则根据生肖来辨别旱涝、年产丰歉、宜种庄稼等，如"羊马年，广收田，预备鸡猴那二年"。

（二）生肖羊与艺术品

从先秦到现代，从宫廷到民间，从高雅艺术到平常日用，十二生肖自产生起就与人们的生活息息相关，因而在民间艺术品中，生肖也成了常用的题材，生肖羊自然也包含其中。

1. 剪纸、年画、屏风、雕刻等

在民间，除了上述青铜

| 在民间艺术品中，生肖也成了常用的题材，生肖羊自然也包含其中 |

羊、玉羊、陶瓷羊等器物外，羊还活跃在生肖卡、生肖图、生肖灯和生肖屏风等艺术品中，如清代珐琅屏风。在剪纸、年画、雕刻、刺绣等艺术品上，更常见羊的身影，而且随着人们对羊的描绘、刻画水平的提升，生肖羊常围绕"福禄寿喜""富贵康宁"等有吉祥寓意的内容出现在剪纸、年画、雕刻、刺绣等民间手工艺术品上，成为年节装饰的宠儿，如河北省蔚县三羊开泰剪纸、山东省潍

| 生肖羊邮票 |

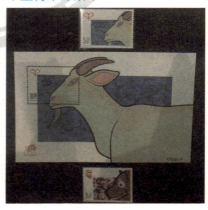

坊市杨家埠村的木版十二生肖年画和"北京民间风俗百图"之一的民俗羊年画。当然，无论玉羊、瓷羊，还是生肖羊卡、图，或是生肖羊年画、剪纸，在当代技术先进、人们普遍追求的环境下都得到了显著的发展与创新。

2. 绘画

以羊为题材的绘画作品也有很多，唐宋之后最为丰富。如唐代的《蛮夷执贡图》中长有奇特长角的藏羚羊，宋代《九九阳春图》中数十只形形色色的羊，宋代《四羊图》中四只灵动活泼的羊，宋代《九羊报喜图》

｜生肖是中国民间艺术创作的重要灵感来源｜

| 以羊为主角的民间工艺品形式各异 |

| 绢帛上的羊 |

中九只生动可爱、相映成趣的羊，元代《三羊开泰图》中三只神态、色彩各异的羊，元代《二羊图》中两只气韵横生、神态逼真的羊，清代《苏武牧羊图》《龙女牧羊图》中衬托出人物命运的羊，近代齐白石、徐悲鸿、范曾等人作品中的羊等等。还有一些包含羊的绘画作品比较特殊，有的以岩画、壁画等形式出现，有的画在陶瓷器、绢帛、扇子、面具之上，如汉墓画像石上的羊或羊首、新疆岩画上的羊、甘肃牧畜图壁画砖上的羊、蒙古羊神绢画上的羊与羊首人身的羊神和首都博物馆生肖面具上的羊等。

3. 钱币

生肖钱是为庆贺新岁，按当年生肖铸造的，始于宋元时期，清末最为盛行。生肖钱的形制、图案、铭文等不一而足，其功能是佩戴在身上，作为纪念、庆祝新年、追求平安吉祥的形式，基本不作为流通货币。但民国时期，广东曾有一种五羊币，是我国近代仅有的一种以羊为图案的流通货币，其正面穿孔下即为或卧或立的五羊图。如今，每到羊年，市面

|当代的羊年纪念币|

|生肖币|

上都会出现各种各样的羊年纪念币，其中形态各异的羊都被刻画得生动传神、栩栩如生。

| 生肖邮票 |

| 生肖邮票 |

4. 邮票

邮票也是近代以来逐渐兴起并广受大众喜爱的民俗艺术品。1927年，我国在苏联图瓦（今为俄罗斯联邦图瓦共和国）发行了第一张生肖羊邮票。1991年，国内发行了辛未年生肖羊邮票，其中一枚邮票的图案构成以一只立于正中、回头望月的剪纸羊为核心，因而也被称为"回头羊"。2017年，全国生肖集邮新作展览在苏州举办，展览上展出了数量众多的生肖羊邮票和其他生肖羊作品。

三、社会民俗

（一）交往待客

1. 送羊

送羊是流行于河南、河北和山西一带的民间传统习俗，其中以河北南部最为盛行。据华北地区流传的民谣来看，女儿结婚生子后，要在每年农历五月携子回娘家看望双亲。六月，收完麦子后，外祖父或舅舅要牵着活羊去看望外孙或外甥，这就是送羊，意思是教育外孙或外甥要向羊学习，孝敬双亲。后来，活羊逐渐由白面粉蒸熟的面羊代替。

2. 羊头敬客

羊头敬客是哈萨克、柯尔克孜族等民族的风俗，即客人来的时候，要宰羊招待，羊肉上桌后，让羊脸朝向客人的位置，然后请客人用刀割羊两腮之肉。客人先割一块面颊肉献给在座的长者，后割一块羊耳给在座的幼者，再随意割一块给自己，然后客人将羊头捧还给主人，这一系列礼节做好后，才能

| 在我国各地的待客风俗中，羊成了牺牲品 |

和大家一起享受羊肉。

3. 打羊迎客

打羊迎客是彝族人民的交际风俗，即客人到来时，主人把活羊牵到客人面前，然后用木棍敲击羊头三下，羊如果被打死，视为大吉。饭前，主人先请客人吃烧羊肝；吃饭时，不能等客人吃完再添；饭后，还要将羊头、羊膀送给客人带走。

（二）节会祭祀

1. 羊日

羊日之说流传于湖南、

湖北、浙江等地，这些地方将每年农历正月初五视为"羊日"，也就是羊的生日。在这一天，人们要通过天气来预测这一年是否适合养羊，以祈求上天庇佑羊群兴旺。有些地方则将农历正月初六或初九视为羊日，在这天是禁止抓羊、杀羊和打羊的。

2. 羊头会

羊头会是流行于陕西一带的农业习俗，即在秋收之前，人们要举行集会，羊作为集会的祭品被当场宰杀，人们把羊头悬挂在树上，并推举德高望重的人宣读公约，让大家互相监督，共同"护秋①"，以防偷盗。

3. 清明羊祭祖

清明羊祭祖的习俗流传于浙江一带，即在清明节时用野菜和面做成"清明羊"来祭祖。在古代，"羊"与"祥"意义相通，所以长辈去世后

| 叼羊 |

①即守护秋天成熟的庄稼。

都要用羊祭祀，单羊祭为小祥，双羊祭为大祥。

（三）娱乐游戏

1. 叼羊

叼羊是流行于哈萨克、蒙古、塔吉克等民族的传统马上游戏。即在喜庆的日子里，人们在几百米外的终点处放一只羊，比赛开始后，各方骑手分成几队，骑马上前冲抢，抢到羊的人要在同伴的掩护下把羊带到目的地才算获胜。获胜者受到长者的奖励和大家的尊敬。作为祭品的羊被当场烧熟，让人们一起分享。

2. 斗羊

斗羊是流行于山东、河南、安徽、江苏等地的一项传统娱乐活动，相传起源于三国时期曹操召集部下观赏斗羊，从而提振士气并击败袁绍的故事。斗羊虽然只是一种娱乐活动，但斗羊的人都有较强的胜负欲，所以角斗场面十分激烈。斗羊的场所一般在集市或庙会上，或

| 斗羊 |

自由斗，或车轮战，直到决出胜负才罢休，正所谓"兄弟斗羊不相让"。

3. 跳山羊

跳山羊是一种流行于民间的青少年群体模拟山羊跳跃的游戏。跳山羊玩法简单，一人或多人弯腰当作山羊，其他人助跑一段后，撑住"山羊"的背或双肩，双腿分开从"山羊"头上越过，如果没有跳过去，则变成新"山

| 跳山羊 |

羊"让其他人跳。跳山羊类似于体育项目中的跳马，简单易行，很受少年儿童的欢迎。

（四）婚丧嫁娶

1. 抢羊骨头

抢羊骨头是锡伯族的民间婚俗。在结婚时，亲友要在新人的床上放一根羊腿骨，双方的兄弟姐妹聚在新房中喝酒，连饮三杯后，双方兄弟姐妹、亲朋好友开始抢羊骨头，若是男方亲友抢到，则代表新郎勤劳奋进，能养育妻儿、家庭美满；若是女方亲友抢到，则寓意新娘是勤俭持家的贤妻良母，将来一定能夫妻恩爱、家庭和睦。

2. 手掰羊脖子

手掰羊脖子是流行于蒙古族的一种民间婚俗。在婚

宴上，新郎要接受新娘的考验，主持人在大家用餐的时候悄悄把新郎带到洞房，然后由伴娘端出一个事前准备好的熟羊脖子，让新郎用手把羊脖子折成两段，以考验新郎的力气。伴娘事前用一根金属棍插在羊骨头里，若没有人告诉新郎，新郎只能白费力气，伴娘则趁机取笑新郎，以此来增添婚礼的乐趣。

3. 牵羊报喜

牵羊报喜是流行于河南新乡一带的民间习俗，即在孩子出生后，女婿要牵着羊去媳妇的娘家向岳父和岳母报喜，女方娘家也要送羊回礼。如果是头胎，报喜更有讲究，需要选两只褐山羊，羊脖子上要系着一只铜铃铛，还要带上准备好的礼物和孩子长大后要穿的羊形鞋

牵羊报喜

子，这寓意吉祥平安、健康成长。

4. 石羊殉葬

石羊殉葬是广泛流行于民间的丧葬习俗，即墓主下葬后，要准备一对石羊一同

| 石羊殉葬 |

葬入墓室内，或和其他神兽、文官、武将的石像一同放置在墓前的神道两侧，以陪伴墓主，为墓主守护安宁、祈求福祉。石羊殉葬多见于达官贵族的墓中，有些还有铭文，记录墓主信息等。

5. 杀羊开路

杀羊开路又名"给羊子"，是一种普米族的丧葬习俗。普米族人在去世后要经过"给羊子"仪式才能下葬，仪式开始前，主持仪式的巫师要为死者指点祖先名字，交代回归祖先发祥地的路线，然后选一只白羊来为死者的灵魂开路，羊的公母由死者性别而定，且在仪式进行时要在羊耳朵上撒酒和糌粑，如果羊摇头，表示死者欢喜，会保佑全家平安。之后，家属要跪在地上给羊磕头，请羊喝酒，再由巫师把羊杀死，并取出羊心供在灵前，祭祀亡灵。

四、语言民俗

一直以来，羊都是人们最喜爱的家畜之一，因而，在长期的生活实践中，出现了很多与羊相关的丰富的语言民俗，包括俗语、谚语、歇后语、谜语和对联等，可以说是各有其趣。

（一）俗语

1. 羊无头不走，鸟无头不飞——比喻做事不能缺少带头人。

2. 羊顶角，狼得食——比喻如果好人不团结，坏人就会捡便宜。

3. 羊肉吃不到，惹得一身臊——比喻没捞到好处，还招来一身麻烦。

4. 羊毛出在羊身上——比喻表面上人家给了自己好处，但实际上这好处已附加在自己付出的代价里。

5. 羊有跪乳之恩，鸦有反哺之义——羊羔有跪下接受母乳的感恩举动，小乌鸦有衔食喂母鸦的情义，做子女的更要懂得孝顺父母。

6. 羊毛搓的绳，又抽在羊身上——比喻用对方的东西去对付对方。

7. 羊群里跑出骆驼来——比喻普通的地方里出了个了不起的人或事物。

8. 打柴的不跟放羊的走——比喻目标不同，不能一起共事。

9. 东到吃羊头，西到吃狗头——比喻到处白吃白喝。

10. 羊头上搔搔，狗头

上摸摸——比喻精力不集中，不能专心做一件事。

11. 一家喂羊，十家骂娘——比喻一人富起来后遭到了其他人嫉妒。

12. 千羊在望，不如一兔在手——比喻与其空想，不如面对现实。

13. 羊中除恶狼，田中除毒草——比喻做事情要抓住关键问题，切中要害。

14. 两个羊头，一个盘子放不下——比喻双方互不相让，难以共处。

15. 失一狼，走千羊——比喻失去领头人，其他人就溃散了。

16. 遇着绵羊是好汉，遇着好汉是绵羊——比喻欺软怕硬。

17. 瘦了绵羊，肥了羔羊——比喻一方受损，另一方获利。

18. 羊不离头，车不离轴——比喻办事不能没有主心骨。

19. 买羊不买圈，买马不买缰——比喻做事不周全。

20. 不要看公羊叫得厉害，要看它过河的本领——比喻看人不能只听他的说辞，要看真本事。

21. 有事不商量，买猪买到羊——比喻事前准备不充分，办事容易出差错。

22. 羊肉贴不到狗身上——形容强行结合两个不相干的事是不行的。

23. 羊尾巴盖不住羊屁股——比喻没有真本领，总会露出破绽来。

（二）谚语

1. 见兔必能知顾犬，亡

羊补栈未为迟。

2. 鱼有鱼路在水中，羊有羊路在山中。

3. 离水的金鱼难生存，离群的绵羊要喂狼。

4. 牛马羊群肥壮的好，品质性格诚实的好。

5. 宁救百只羊，不救一头狼。

6. 群无首不成行，羊群出圈看头羊。

7. 放牛得坐，放马得骑，放羊走跛脚板皮。

8. 羊嫌草场掉肥膘，人嫌饭食必瘦弱。

9. 如果有胡子可以解决问题，那么山羊早就做了族长。

10. 不劳而获的珍宝，不如劳动得来的羊羔。

11. 懒羊总觉得自己身上的毛太重。

12. 劳动好，生活才会幸福；水草好，牛羊才会肥壮。

13. 没有吃过羊的狼，嘴巴也是红的。

14. 可怜狼的牧人，羊群不会增多。

15. 狼虽然挂上了山羊的胡子，但仍然是狼。

16. 养猪养羊，家有余粮。

17. 猪羊鸡鸭喂得全，油盐咸淡有零钱。

18. 要想吃肉先养羊，要想吃饭先种田。

19. 山羊怕交九①，绵羊怕打春。

20. 天上云赶羊，有雨也不长。

---

①交九，即数九，是一种中国民间节气，从农历每年十二月下旬开始。

（三）歇后语

1. 上供的羔羊——豁出去了

2. 山羊爬坡——步步高

3. 狼群里跑出羊来——不可能的事

4. 羊羔踩到泥田里——不能自拔

5. 老虎跑到羊群里——冒充老大哥

6. 挂羊头卖狗肉——有名无实

7. 饿虎吃羊——干净利落

8. 饿狼窜进羊厩——无事不来

9. 白狗轧勒①羊道里——自抬身价

10. 山羊见了老虎皮——望而生畏

11. 长颈鹿进羊群——非常突出

12. 恶狼对羊笑——不怀好意

13. 放羊的拾柴火——捎带

14. 看羊的狗——一个比一个凶

15. 老绵羊撵狼——拼啦

16. 孪生的羊羔——不分彼此

17. 羊群里的驴娃子——与众不同

18. 牛驮子搁在羊背上——担当不起

19. 牵着羊进照相馆——出洋（羊）相

20. 羊圈蹦出个驴来——数你大

21. 大风刮羊圈——飞扬跋扈

22. 羊头插在篱笆上——

①轧勒：强制，逼迫。

伸手（首）容易缩手（首）难

23. 六月天冻死羊——说来话长

24. 山羊打架——勾心斗角

25. 牛羊入圈鸟落窝——各得其所

26. 黄羊跑到虎穴里——凶多吉少

27. 骆驼进羊圈——不入门

28. 买只羊羔不吃草——毛病不少

29. 山羊额头的肉——没多大油水

30. 羊吃青草猫吃鼠——各人有各人的福

（四）谜语

1. 谜题：白老头，背黑豆，一头走，一头漏。（打一动物）

谜底：羊

2. 谜题：长着两只角，穿着大皮袄，吃的绿草草，拉的黑枣枣。（打一动物）

谜底：羊

3. 谜题：年纪不大，胡子一把，跪着吃奶，爱叫妈妈。（打一动物）

谜底：羊

4. 谜题：头上尖尖角，胡子白花花。（打一动物）

谜底：羊

5. 谜题：穿白衣，爱吃草，唱起歌来咩咩叫。（打一动物）

谜底：羊

6. 谜题：温顺小宝长俩角，整天披着小棉袄。（打一动物）

谜底：羊

7. 谜题：脚像小牛脚，身像大狗身，行像小孩子，

须像老大人。（打一动物）

谜底：羊

8. 谜题：身穿大皮袄，野草吃个饱，过了严冬天，献出一身毛。（打一动物）

谜底：绵羊

9. 谜题：两角弯弯像香蕉，身上长着白卷毛。浑身是宝贡献大，最爱吃的是青草。（打一动物）

谜底：绵羊

10. 谜题：羊停止了呼吸。（打一成语）

谜底：扬眉吐气（羊没吐气）

11. 谜题：有十只羊，九只蹲在羊圈，一只蹲在猪圈。（打一成语）

谜底：抑扬顿挫（一羊蹲错）

12. 谜题：法官进羊圈。（打一地名）

谜底：沈阳（审羊）

13. 谜题：狼来了。（打一水果）

谜底：阳桃（羊逃）

14. 谜题：砍掉羊尾巴，没有一点儿血。（打一字）

谜底：盖

15. 谜题：风吹草低见牛羊（打一字）

谜底：蓄

16. 谜题：不许放牛羊（打一唐朝诗人的名字）

谜底：杜牧

（五）对联

1. 上联：鲲鹏展翅扶羊角

下联：莺燕欢歌送马蹄

2. 上联：八骏腾飞民富裕

下联：三羊开泰国和谐

3. 上联：老马识途路

好走

下联：羔羊跪乳知感恩

4．上联：庚年祝捷神马去

下联：辛未报喜宝羊来

5．上联：万象更新山清水秀

下联：五羊献瑞日丽春华

6．上联：喜鹊迎春红梅香瑞雪

下联：吉羊贺岁金穗报丰年

7．上联：万马闯雄关春回大地繁花俏

下联：五羊开玉局旗展东风旭日辉

8．上联：不舍风驰追马迹

下联：行看岁稔话羊年

9．上联：骏马辞行喜盈岁月

下联：灵羊献瑞福满乾坤

10．上联：生肖十二多富有迎马接羊它来我往世人里

下联：岁月三千太匆忙争分夺秒箭去船归天地间

11．上联：与马牛羊鸡犬豕交朋友

下联：对稻粱菽麦黍稷下功夫

12．上联：快马加鞭不坠腾飞志

下联：吉羊昂首更添奋发心

13．上联：万马扬蹄，踏凯歌而去

下联：群羊翘首，唤春信即来

14．上联：岁序更新马年留胜绩

下联：春风初度羊志展

鸿猷

15. 上联：万马消尘蹄
声响彻三千界

下联：五羊衔瑞春意浓
于二月花

（六）成语典故

1. 羊肠小道——像羊的肠子一样曲折细长的小路，比喻崎岖窄小的道路或严峻艰险的环境。

2. 如狼牧羊——就像狼去放羊一样，比喻事情很危险，也比喻官吏残酷欺压百姓。

3. 十羊九牧——只有十只羊却有九个牧人，比喻官多而百姓少，赋税剥削很严重。古代朝廷把百姓比作羔羊，而官员则被比作牧羊人。

4. 顺手牵羊——顺手把人家的羊牵走，比喻乘便拿别人的东西。

5. 亡羊得牛——失去了羊却获得了牛，比喻损失小而收获大。

6. 羊入虎口——羊落入老虎口中，比喻陷入危险的地方，难有生还机会。

7. 羊质虎皮——披着老虎皮的羊，比喻虚有其表。

8. 饿虎扑羊——像饥饿的老虎扑向羊羔一样，比喻动作猛烈而迅速。

9. 争鸡失羊——去争抢鸡，却丢掉了羊，比喻因小失大，得不偿失。

10. 羊续悬鱼——汉朝的官员羊续把别人送的鱼悬挂在厅堂里。后人用这个典故比喻为官清廉。

11. 羊歧忘返——羊在岔路上忘记返回的路。比喻因辨别不清误入歧途。

12. 卖狗悬羊——挂羊头卖狗肉，比喻用好的名义做幌子，实际不是那么回事。

13. 问羊知马——根据羊的情况得知马的信息，比喻通过从旁推究，来弄明白事情真相。

14. 羊触藩篱——羊的角挂在篱笆上动弹不得，比喻进退两难。

15. 臧谷亡羊——臧和谷两人牧羊时因分心别的事情导致两人的羊都丢失了，比喻不专心做自己的事情，才导致蒙受损失，也常指单靠主观热情而好心办坏事。

16. 羊左之交——像羊角哀与左伯桃那样的交情，比喻生死之交的朋友。春秋时期的左伯桃与羊角哀一同到楚国求职，途中下起大雪，毫无准备的两人穿得都很单薄，更不幸的是，随身带的粮食也不够了。后来，左伯桃为了救朋友，把衣服和粮食都交给了羊角哀，自己躲进空树中自杀了。

17. 亡羊补牢——丢失了羊之后去修补羊圈，比喻受到损失后想办法补救，以免再受损失。战国时期，楚襄王荒淫无度，大臣庄辛担心楚国安危，就劝谏楚襄王，却被楚襄王赶出楚国。后来秦国攻打楚国，占领了楚国都城，这时楚襄王才觉得庄辛是对的，就派人到赵国去请回庄辛，庄辛告诫楚襄王：见了兔子再叫猎狗，丢了羊马上修补羊圈，都为时不晚。

18. 歧路亡羊——因岔路太多难以选择而丢失了羊，比喻因事物复杂多变而迷失方向，没有一个正确的目标和方向就会误入歧途。杨子的邻居家丢失了一只羊，就让全家出动去找，又请求杨子的仆人去帮忙。杨子奇怪为什么找羊要这么多人，邻居说岔路太多。后来邻居还是空手而归，杨子问他原因，他说岔路上还有岔路，不知道怎么走，只好无功而返。

19. 瘦羊博士——指能克己让人的人。古代称太学里的教师为"博士"，汉代官员甄宇被选上当博士的时候，光武帝刘秀按惯例下诏赏赐每位博士一只羊，但是羊有肥有瘦，大小不等，大家都不知道怎么分才公平合理，甄宇对这种斤斤计较的行为感到羞耻，就挑最瘦小的那只羊牵走了。后来刘秀知道了这件事，就称他为"瘦羊博士"，大家也都这么叫开来。

文学与影视作品中的羊

｜文学与影视作品中的羊｜

一、诗词歌赋

诗经·国风·召南·羔羊

羔羊之皮，素丝五紽；

退食自公，委蛇委蛇。

羔羊之革，素丝五緎；

委蛇委蛇，自公退食。

羔羊之缝，素丝五总；

委蛇委蛇，退食自公。

灶下养

汉代民歌

灶下养，中郎将。

烂羊胃，骑都尉。

烂羊头，关内侯。

敕勒歌

南北朝民歌

敕勒川，阴山下。

天似穹庐，笼盖四野。

天苍苍，野茫茫，

风吹草低见牛羊。

将进酒（节选）

［唐］李白

烹羊宰牛且为乐，

会须一饮三百杯。

苏武庙（节选）

［唐］温庭筠

云边雁断胡天月，

陇上羊归塞草烟。

云中道上作（节选）

［唐］施肩吾

羊马群中觅人道，

雁门关外绝人家。

河湟（节选）

［唐］杜牧

牧羊驱马虽戎服，

白发丹心尽汉臣。

杜鹃（节选）

［唐］杜甫

鸿雁及羔羊，

有礼太古前。

行飞与跪乳，

识序如知恩。

渭川田家（节选）

［唐］王维

斜阳照墟落，

穷巷牛羊归。

题玉山村叟屋壁
（节选）

［唐］钱起

牛羊下山小，

烟火隔云深。

和人（节选）

［唐］鱼玄机

莫惜羊车频列载，

柳丝梅绽正芳菲。

李明府之任海南
（节选）

［唐］皮日休

五羊城在蜃楼边，

墨绶垂腰正少年。

登蒲涧寺后（节选）
二岩三首（其一）

［唐］李群玉

五仙骑五羊，

何代降兹乡。

戏答张秘监馈羊

［宋］黄庭坚

细肋柔毛饱卧沙，

烦公遣骑送寒家。

忍令无罪充庖宰，
留与儿童驾小车。

咏羊

[宋]文天祥

长髯主簿有佳名，
羷首柔毛似雪明。
牵引驾车如卫阶，
叱教起石羡初平。
出都不失君臣义，
跪乳能知报母情。
千载匈奴多收养，
坚持苦节汉苏卿。

早晴至报恩山寺
（节选）

[宋]文同

暮烟已合牛羊下，
信马林间步月归。

七绝·生肖十二韵：未羊

[现当代]孙德振

两块干馍肉铺汤，
陈桥兵变一英皇。
须知跪乳行恩重，
开泰长天写栈羊。

二、影视作品

1.《十二生肖》，上海美术电影制片厂1993~1995年制作出品的国产动画片。其中第9集《剑角羊》就是以生肖羊为主角，讲述在人类遇到危难的时候，剑角羊挺身而出，与混天妖战斗并解救人类，自己却与混天妖一起落入无底洞中的故事。为了纪念剑角羊，人们把该年命名为羊年。

2.《喜羊羊与灰太狼》，广东原创动力文化传播有限公司2005年开始制作的原创动画系列作品。这部动画片主要讲述在青青草原上羊族的日常生活，以及以喜羊羊为代表的羊族与以灰太狼为代表的狼族之间的故事。2015年羊年，推出主题动画电影《喜羊羊与灰太狼之羊年喜羊羊》。

3.《十二生肖》，中国儿童艺术剧院2008年出品的魔幻儿童舞台剧。该剧以环保为主题，剧中的主人公与十二生肖在一起生活。其中的羊是一个善良、乖巧、会打毛线活儿的可爱角色，它给了主人公满满的温暖。

4.《十二生肖传奇》，2011年浙江永乐影视制作有限公司出品的以十二生肖传说为题材的古装神话剧，讲述了星虎突破蚩尤的阻挠，为拯救处于危难中的世界，带着封印十二生肖真身的神器十二药叉，寻找十二生肖转世之人的故事。

传说中的羊

| 传说中的羊 |

在中国的神话传说中，羊的形象相当活跃，除了与生肖羊起源相关的传说外，在民间还流传着很多关于羊的传说故事。

一、羊为什么在生肖中排名第八

十二种生肖动物是如何被挑选出来的，这十二种动物又如何排序？这是一个亘古流传而又为人们所不解的话题。古人习惯于用神话传说来解释那些不易理解的事情或现象，因而关于十二生肖的选择与排序，在民间也流传着各种各样的故事。

传说有一年，玉皇大帝过生日时召集神仙们到天庭，并对他们说："朕打算用动物来区别一纪中的十二个年份，但不知应用哪些动物才

| 生肖羊的传说 |

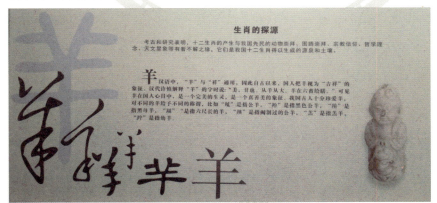

生肖的探源

考古和研究表明，十二生肖的产生与我国先民的动物崇拜、图腾崇拜、宗教信仰、哲学理念、天文星象等有着不解之缘，它们是我国十二生肖得以生成的源泉和土壤。

羊　汉语中，"羊"与"祥"通用，因此自古以来，国人把羊视为"吉祥"的象征。汉代许慎解释"羊"的字时说："美，甘也。从羊从大。羊在六畜给膳。"可见羊在国人心目中，是一个真善美的生灵，是一个真善美的象征。我国古人十分珍爱羊，对不同的羊给予不同的称谓，比如"羝"是指公羊，"羭"是指黑色公羊，"羝"是指黑母羊，"羒"是指六尺长的羊，"羳"是指阉割过的公羊，"羖"是指羖羊，"羏"是指羒羊。

好，不知哪位卿家有好的提议。"太白金星说："不如举办一次比赛，让所有的动物在正月初九这天都来为您祝寿，规定前十二名到的就可以入选十二生肖，作为通往天庭之路的守卫，并按照年份轮流值班。"玉帝又问："这十二种动物的轮值顺序又该怎么排呢？"太白金星回答说："就按它们各自报到的先后顺序来排吧。"玉帝觉得这个提议非常不错，就派人向动物们传达了这个的消息。

猫和老鼠是邻居，得知消息后，嗜睡的猫让老鼠第二天叫它早起，然而第二天老鼠却独自先走了。后来老鼠躲进了牛的耳朵里，在牛到达之前钻出来得了第一，而牛得了第二，稍后老虎、兔、龙、蛇、马、羊、猴、鸡、狗、猪也陆续到达。于是，玉帝就按它们报到的先后次序一一赐封，十二生肖的顺序就这样确定了。

在这次比赛中，羊与鹿本来是结伴出发的，但是半路上要横渡洞庭湖，由于湖上没有船可搭乘，它们就决定憋气从湖底走过，但是走了不一会儿，鹿就放弃了比赛，只剩羊孤身奋战，好不容易才到达湖对面，因为是第八个到达，所以最后在十二生肖中排序第八。

二、猪被杀会叫，羊被杀为什么不叫

我们都知道，羊是十分温顺的动物，在被宰杀时也只是低声沉吟，而猪在被宰杀时却极尽全力嘶鸣，明知

| 生肖邮票 |

逃脱不了被宰杀的命运却还是极力反抗，和羊形成了鲜明的对比。这又是为什么呢？原来猪和羊之间还有一段往事。

传说在很久以前，人间除了粮食以外，找不到别的食物可吃，连逢年过节的时候也和平常一样。终于，人们对这种情况感到厌烦了，就选出一位有经验的老人到天宫去问玉帝：除了粮食还可以吃什么？

玉帝听说后问老人："人间哪种动物最多？"老人回答说："猪和羊最多。"于是玉帝就告诉老人："那就吃猪和羊吧！"老人回到人间，把玉帝说的话告诉了人们，人们就高兴地把猪拉出来准备宰杀。猪边反抗边说："等一下，让我到玉帝那里问一问这件事是真是假，如果是真的，你们再杀我也不迟。"人们觉得猪说的话也有道理，就放猪去了，但临走前，人们警告猪：要在中午前赶回来，不然就把猪的祖先杀了吃掉。猪走后，人们又要杀羊，羊也像猪那样说要去玉帝那儿确认真假，人们也让羊去了，并像警告

猪一样警告了羊。

半路上，猪因为觉得太困，就躺在地上睡着了，羊走过来问："你也要去问玉帝吗？"猪伸着懒腰说："对，不过我太累了，休息一下。你先走，顺便替我也问问。"羊到玉帝那儿一问，得知这件事是真的，就垂头丧气地回来了，看到猪还在睡觉，就叫醒了猪，并告诉猪玉帝的说法。猪和羊在中午前赶了回来，人们问它们这件事是不是真的，羊如实回答了玉帝的话，猪却撒谎说："没那事。"于是，气愤的人们把猪绑了起来，准备杀了它，猪临死前还挣扎着说："我没见到玉帝，让我再去问问他吧！"然而人们不再相信猪，直接把它杀了。羊知道这是玉帝的旨意，就没有反

| 生肖邮票 |

抗，也没有叫喊。因为猪和羊的表现，所以就有了流传至今的"杀猪叫，杀羊不哼声"的说法。

城古今》和《羊城晚报》，再如羊城八景等。那么"羊城"这个别名到底是怎么来的呢？

三、"羊城"的传说

"羊城"是广州市的别名，这个别名在如今广州的各个方面都打下了深深的烙印，如《羊城古钞》《羊

相传在很久以前，广州发生过一次十分罕见的大灾荒。当时，整个广州田地荒芜，人们颗粒无收，不得温饱，却还要面对官老爷强盗

般的掠夺。官老爷不顾百姓死活，照旧向老百姓催逼粮食，一对父子因为实在交不出粮食，官老爷便抓走了父亲，还威胁儿子三天之内交不上粮食，就把他的父亲投海喂鱼。

这个孝顺的少年走投无路，急得放声痛哭，悲切的哭声惊动了天上的五方仙人，于是，仙人们骑着五只不同颜色的神羊，乘着五彩祥云，拿着五色谷穗来到了少年的家里，仙人们嘱咐少年连夜把谷种种下，第二天天一亮便可以收获粮食，说完他们就化为一缕白烟消失不见了。少年按照仙人们的吩咐种下了谷种，果然收获了很多粮食，救出了父亲。

后来，对此事感到非常

奇怪的官老爷不停地追问少年粮食的来历，少年迫于压力只好如实相告。得知实情后的官老爷心中窃喜，打算把五方仙人抓来为己所用。于是，在五方仙人再次来到人间施恩的时候，官老爷扑向了他们。五方仙人吩咐人们把种子撒到地里，不让官老爷抢去，就可以收获了，说完就腾空而起，只把五只神羊留在了原地。官老爷见状，又要去抓羊，不料五只羊簇拥在一起，变成了五只石羊，长驻人间，为人们带来丰收。从此，广州成了岭南最富庶的地方，也有了"羊城"的别名，"穗"也成了广州的简称。后来，为感谢这五位造福广州的仙人，人们自发修建了五仙观以示纪念。

四、显羊洞的传说

据《中国民间故事集成·甘肃卷》记载，甘肃省平凉市静宁县境内有个名为显羊洞的深洞，这个洞一直流传着一个与羊有关的传说。

相传，在很久以前，山下的住户发现山坡上有两只羊在跳来跳去，还有一个放羊娃坐在山坡上吹着笛子。但当人们走近一看，却什么也没看到。

有一天晚上，一个老汉去地里看玉米，又看见山上那两只羊和那个放羊娃，羊在往土洞里叼柴火，放羊娃在架火，把柴火烧着。回家后，老汉把晚上看到的事情一五一十地讲给庄子里的人们听，然后一传十，十传百，周围几十个村庄的人都知道了这件事。后来有一个员外也听说了山上有两只羊，就带着几个家丁想去捉住它们。到了晚上，员外果然看见有两只羊从山上跑下来，就带着家丁向羊扑去，两只羊发现有人要捉它们，掉头就向山上跑。员外一行紧追不舍，将两只羊赶进了一个洞中，员外很高兴，以为只要堵住洞口就能活捉肥羊了。

天亮的时候，员外从家中拿来柴火，打算用浓烟把洞里的羊熏出来，没想到刚一点着火，放羊娃就牵着两只羊从洞里飞了出来，伴着一道光升上了天空。就在这时，火势越发猛烈，员外一行都被大火活活烧死，整座山也被烧成了红色。

原来那两只羊是神羊，那个放羊娃也是天上的神仙，他们原本是要把这座山烧成炭，为这里的人们解决困难，结果被那个自私贪财的员外打乱了计划，所以直到现在，当地还有人在咒骂那个贪财的员外。

五、牛羊叫声的由来

北京延庆一带流传着这样一个传说：很久以前，牛和羊都是会说话的，后来因为一堆盐才变得只会"哞哞"和"咩咩"地叫了。

原来，有一天当牛和羊在山坡上吃草的时候，羊发现在面前的大石头上撒着一堆白末。它不知道这是什么东西，就把牛找来问，牛一看，就知道这是一堆盐，刚想如实告诉羊，转念一想：我憨厚老实了一辈子，这点儿盐我独吞了也说得过去。

于是，牛眨着眼对羊说："羊老弟，这是别人放的毒药，千万别动，咱们赶紧走吧！"羊认为牛平时一向憨厚老实，决不会撒谎骗它，就信以为真，急忙走开了。牛见羊走远了，就低下头大口大口地吃起来，边吃边喊："美（哞）！美（哞）！"羊听到牛叫声，觉得非常奇怪，就转过头去看，这才知道自己原来上了牛的当了，忍不住"咩咩"地哭了起来。

后来，牛因为撒谎骗羊独吃了那堆盐而受到了上天的惩罚，变得不会说话了，只能"哞哞"地叫唤，而羊一想起自己轻易相信外表憨厚老实的牛而上当受骗的事就止不住"咩咩"地哭，久而久之就把别的话全忘了，只会"咩咩"叫了。

六、"送羊"的传说

"送羊"是流行于河南、河北一带的民间习俗，就是由姥爷或舅舅在农历六月给外孙或外甥送活羊或面羊的传统，那么这种风俗是怎么来的呢？

传说沉香的母亲三圣母被舅舅二郎神杨戬压在了华山之下。有一次，沉香因为心疼母亲受苦，心里十分着急，就跟母亲细数舅舅杨戬的无情无义，说非要杀了杨戬才能一解心头之恨。三圣母哭着说："不管怎样，他和娘都是同胞兄妹，是你的舅舅，你不能杀他。"沉香是个孝子，听了母亲的话后，只好同意不杀杨戬，但因为杨戬名字中的"杨"与"羊"同音，就要求杨戬必须每年给自己送来一对活羊。这样虽然不能杀杨戬，但每年吃杨戬送来的羊也算是为母报仇了。

杨戬得知此事，害怕沉香一怒之下真的杀了自己，而且他此时也有心重修兄妹之情，就真的在每年五月的时候亲自牵着两只活羊送给沉香。后来，人间百姓也开始兴起由姥爷或舅舅给外孙或外甥送去一对活羊的习俗，再到后来，活羊慢慢被面羊代替，形式也渐渐演变成了外孙或外甥给姥爷或舅舅送羊，以示孝敬长辈。

与沉香要以"羊"代"杨"，向舅舅杨戬报复不同，我们现在所熟知的"送羊"，在寓意上取的是"羊羔跪乳"之意，以示教育晚辈要孝敬双亲，这在下面这则民间故事里得到了很好的体现。

相传河南浚县一带从前有一户人家，有一个儿子，因为从小娇惯，使得他性格乖张、不通情理，让父母十分发愁。有一年，孩子的妈妈回到娘家，说起孩子的事就止不住地流泪，于是，外祖父和外祖母下决心要好好教育这个外孙。

收完麦子，外祖父牵着自家的母羊和羊羔来看外孙，外孙高兴地牵着羊羔玩，但羊羔一跑开，母羊就不停地叫唤。外孙觉得奇怪，外祖父解释说："小羊羔一离开母羊，母羊心里就不安生啊！它这是在叫小羊羔过来吃奶。你看，小羊羔多听话，母羊一叫就过来了，它们知道自己是吃母羊的奶长大的，吃奶的时候总是跪着。人也是吃母亲的奶长大的，当爹娘的养活个孩子多不容易，怕孩子饿着，听见哭声就喂奶；冬天怕孩子冻着，给孩子暖被窝；夏天怕孩子热着，给孩子扇扇子。为了孩子，爹娘把心都操碎了。孩子要是不听爹娘的话，还不如那羊羔懂事呢，人家能不笑话吗？"外孙觉得很有道理，忙向外祖父认错，保证以后一定会听话。外祖父很欣慰，虽然外孙越变越好，他还是每年给外孙送只羊以示警醒。

事情传开后，人们纷纷效仿，也用送羊的办法来教育不听话的孩子，没羊的人家就用面羊代替，慢慢就形成了收完麦后外祖父向外孙送羊的风俗。

七、北羊和南羊

北阳和南阳现在是河南省淇县西南方的两个村子，据说这两个村子名字的由来还有一段与羊有关的传说呢。

在很久以前，北阳村和南阳村各有一只羊，它们长得一模一样，分别叫作北羊和南羊。两个村子之间有一条大河，河两岸水草丰盈，所以两只羊经常聚集在这里一起吃草喝水，或是在河滩上休息。渐渐地，两只羊产生了感情，因为都是公羊，就以兄弟相称了。

有一次，卫河涨大水，有一条黄鳝精顺水来到大沙河中，这只黄鳝精很恶毒，要吃掉两只羊，所以在洪水退后，黄鳝精就留在了大沙河边的水潭里，想先寻找机会将北羊、南羊分开，然后再弄走吃掉。这天，北羊正在沙河边的草丛里吃草，忽然一阵狂风吹来，把它吹到了水潭中，黄鳝精趁机将北羊抓走了。

南羊找不到北羊，就沿着河边跑边呼唤北羊，嗓子喊哑了，蹄也跑破了，却仍然没有找到北羊。南羊因此得了病，并且不愿再到河岸吃草，就在自己的小窝棚里一天天消瘦下去。有天夜里，一位白发老人推醒沉睡的南羊，对它说："南羊啊，你不能消沉下去，你要去黄鳝精那里救出你的北羊哥哥呀。"并将一对武器装在南羊头上，指引南羊去找黄鳝精救出北羊。南羊迷迷糊糊的，刚想问老人话，老人就消失不见了。南羊醒来后，发现头顶果然多了一对锋利的犄角，就信了老人的话，出发去找黄鳝精，并最终用老人给的这对犄角打败了黄鳝精，救出了北羊。后来，南羊、北羊分别老死在南阳、北阳两个村子里，人们有感于它们亲如兄弟般的感情，就以"阳"代"羊"，将这两个村子命名为南阳村和北阳村。

中外属羊的名人

| 中外属羊的名人 |

一、中国古代属羊的名人

1. 曹操

曹操，字孟德，小名阿瞒，沛国谯县（今安徽亳州）人。东汉末年杰出的政治家、军事家、书法家。

东汉末年，天下大乱，曹操"挟天子以令诸侯"，歼灭了袁绍、吕布等割据势力，降服乌桓、鲜卑等游牧民族，统一北方，并采取一系列积极措施以恢复经济生产和社会秩序，让曹魏成为三国势力中最强大的一方，曹操也由此成为一代枭雄。作为曹魏政权的奠基人，曹操曾担任东汉丞相，后加封魏王，去世后谥号为武王，其子曹丕称帝后，追尊其为武皇帝，庙号太祖。

2. 李世民

李世民，即唐太宗，是唐高祖李渊次子，唐朝的第二位皇帝，中国古代杰出的政治家、战略家、军事家、诗人。

李世民年轻时随父起兵反隋，因战功卓著，加封秦王。后来在血腥的"玄武门之变"中大获全胜，成为李唐的第二任皇帝。李世民在位二十三年，在内政外交上成就斐然，一手开创了贞观之治，让中国成为同时期世界上最强盛的国家，而他自己也成为让天下人臣服的一代明君。

3. 岳飞

岳飞，字鹏举，今河南汤阴人，南宋抗金名将，中国历史上文武双全的军事家、战略家，位列南宋"中兴四将①"之首。

岳飞于北宋末年从军，在抗金斗争中建立了所向披靡的岳家军，屡次挫败金军南下，并挥师北伐，收复了很多失地。但一意求和的宋高宗在奸臣秦桧的蛊惑下，连下十二道金牌令大败金兵、进驻朱仙镇的岳飞退兵。随后岳飞遭到秦桧、张俊等人诬陷被捕入狱，以"莫须有"的罪名被杀害于风波亭。宋孝宗时，岳飞被平反，追谥"武穆"，后又追谥"忠武"，

---

①其他三人为韩世忠、吴玠和刘琦。

封鄂王。

其他中国古代属羊的名人，帝王有北魏道武帝拓跋珪、南朝宋文帝刘义隆、南朝陈武帝陈霸先、明英宗朱祁镇和清太祖努尔哈赤等；名臣将相有庞统、司马懿、贺知章、欧阳修、司马光和沈括等；文化名人有向秀、杜牧、贾岛、元稹、纳兰性德和曹雪芹等，以及近代历史名人李鸿章、曾国藩等。

二、中国近现代属羊的名人

1. 袁世凯

袁世凯，字慰亭，号容庵、洗心亭主人，河南项城人，中国近代史上著名政治家、军事家，北洋新军的创始人。

袁世凯早年在朝鲜驻军，其间表现非常突出，积累了很多经验和资本，归国后创建北洋新军，培养新式军队，配合清末新政，推动近代化改革，在军队中树立了极大的威望。辛亥革命爆发后，袁世凯以其强大的个人实力和影响力逼迫清帝溥仪退位，推翻了清朝，成为中华民国临时大总统。后来因其自封皇帝，改国号为中华帝国，遭到各方反对，最后被迫取消帝制，不久后就因病不治身亡。袁世凯的荣辱功过因他的戏剧性人生而各有评说，其因此成为中国近代最具争议的人物之一。

2. 徐悲鸿

徐悲鸿，原名徐寿康，江苏宜兴屺亭镇人，中国现代画家、美术教育家。

徐悲鸿早年曾留学法国，在巴黎国立美术学校学习西洋画，归国后先后任教于台湾中央大学艺术系、北平大学艺术学院和北平艺专，长期从事中国现代美术教育，致力于推动传统中国画的改良。徐悲鸿在中国画坛地位崇高，被誉为"中国现代美术教育的奠基者"，并与张书旗、柳子谷并称为画坛"金陵三杰"。他擅长画人物、走兽、花鸟，尤以奔马享名于世，留有著名的《十二生肖图》。他生前留下遗愿，去世后将他的作品和他一生所收藏的一万余件历代书画名家的作品悉数捐献给国家。

3. 粟裕

粟裕，原名粟多珍，曾用名粟志裕，生于湖南会同，侗族人。中国无产阶级革命家、军事家，著名爱国将领，中国人民解放军的主要领导人，中华人民共和国"开国十大大将"之首。

粟裕 1927 年加入中国共产党，曾参加过南昌起义。在历次反会剿、反围剿战争、抗日战争、解放战争期间都有非常突出的战绩，为中华民族的独立和中华人民共和国的诞生做出了不可磨灭的贡献。中华人民共和国成立后，他历任中国人民解放军总参谋长、中国共产党中央军事委员会常委、第五届全国人大常委会副委员长等职，并被授予大将军衔。

其他近现代属羊名人有徐志摩、林语堂、秦牧、莫言、郭小川等文学大家和陈道明、张国立、周润发、周杰伦、章子怡、高圆圆等演艺界名人。

三、羊年出生的外国名人

1. 巴尔扎克

奥诺雷·德·巴尔扎克，小说家、剧作家，法国 19 世纪伟大的批判现实主义巨匠，欧洲批判现实主义文学的奠基人和杰出代表，法国现实主义文学成就最高的作家之一，被称为"现代法国小说之父"。巴尔扎克生长于法国中部的一个中产家庭，曾发表《朱安党人》《驴皮记》《高老头》《人间喜剧》等 91 部小说，其中《人间喜剧》被誉为"资本主义社会的百科全书"。

2. 史蒂夫·乔布斯

史蒂夫·乔布斯，美国当代著名发明家、企业家、美国苹果公司联合创办人，是苹果帝国的缔造者。

在他的引领下，苹果公司先后推出了麦金塔计算机（Macintosh）、iMac、iPod、iPhone、iPad 等引领世界潮流的电子产品，为苹果赢得大批拥趸和巨大的市场空间，改变了人们的通信、娱乐和生活方式，奠定了苹果公司的根基，也让乔布斯成了计算机业界与娱乐业界的标志性人物。美国前总统奥巴马曾评价乔布斯是"美国最伟大的创新领袖之一"，他的卓越天赋也让他成为改变世界的天才。

3. 乔治·华盛顿

乔治·华盛顿，美国著名资产阶级政治家、军事家、革命家。

华盛顿是弗吉尼亚的威克弗尔德庄园园主的儿子，在日后成长为美国新兴资产阶级的杰出代表。华盛顿在美国独立战争和美利坚合众国的建设中都是最重要的角色之一，因而被称为"美国国父"或"合众国之父"，美国成立后被选为第一任总统，也是全世界的第一位总统，和亚伯拉罕·林肯、富兰克林·罗斯福、伍德罗·威尔逊并称为美国历史上最伟大的总统，并被美国的权威期刊《大西洋月刊》评为"影响美国的 100 人"中的第 2 名。

4. 鸟山明

鸟山明，日本著名漫画家和游戏角色设计师，是公认的当今日本漫画界的首席代表。他的成名之作《阿拉蕾》和代表作《龙珠》在全世界都极受欢迎，其中《龙珠》甚至因为人气太高而无法结束连载。鸟山明的作品在集英社的漫画杂志《周刊少年 JUMP》上连载，受到各个年龄阶层读者的喜欢，常年在人气榜排名第一，是集英社的王牌，他也影响了众多新一代的漫画家和动漫导演。2013 年，鸟山明荣获安古兰国际漫画节"40 周年特别奖"。

其他羊年出生的外国名人还有俄国文学之父普希金、法国前总统萨科齐、曾经的全球首富比尔·盖茨、《灌篮高手》作者井上雄彦、意大利足球巨星罗伯特·巴乔、世界报业大亨鲁伯特·默多克等。

图书在版编目（ＣＩＰ）数据

生肖羊 / 刘会靖编著 ; 张勃本辑主编. -- 哈尔滨：黑龙江少年儿童出版社，2020.2（2021.8重印）
（记住乡愁：留给孩子们的中国民俗文化 / 刘魁立主编. 第十一辑，生肖祥瑞辑）
ISBN 978-7-5319-6469-8

Ⅰ. ①生… Ⅱ. ①刘… ②张… Ⅲ. ①十二生肖—青少年读物 Ⅳ. ①K892.21-49

中国版本图书馆CIP数据核字(2020)第005495号

记住乡愁——留给孩子们的中国民俗文化　　　　刘魁立◎主编
第十一辑 生肖祥瑞辑　　　　　　　　　　　张　勃◎本辑主编
生肖羊 SHENGXIAO YANG　　　　　　　　　　刘会靖◎编著

出 版 人：商　亮
项目策划：张立新　刘伟波
项目统筹：华　汉
责任编辑：张　喆　唐　慧
整体设计：文思天纵
责任印制：李　妍　王　刚
出版发行：黑龙江少年儿童出版社
　　　　　（黑龙江省哈尔滨市南岗区宣庆小区8号楼 150090）
网　　址：www.lsbook.com.cn
经　　销：全国新华书店
印　　装：北京一鑫印务有限责任公司
开　　本：787 mm×1092 mm　1/16
印　　张：5
字　　数：50千
书　　号：ISBN 978-7-5319-6469-8
版　　次：2020年2月第1版
印　　次：2021年8月第2次印刷
定　　价：35.00元